42

Lö 26.

TRIBUNAL
RÉVOLUTIONNAIRE
DE BREST,

NICOLAS COMBAZ, Lieutenant d'Artillerie, *ex-juré.*

Non segniter vidit obsessam Curiam, et clausum armis Senatum, et eâdem strage tot Consularium caedes. Tacit. *V. Agri.*

NICOLAS COMBAZ nâquit à Paris le 25 mars 1772; il étudiait au collége des Quatre-Nations et n'avait que 17 ans, lorsque la voix de la Patrie l'appela à la défense de la liberté. En 1789 il entra dans la compagnie des chasseurs de la section de la Cité, et fit son service avec l'exactitude et le zèle qui ont caractérisé dès les commencemens de la révolution, nos plus braves défenseurs.

Lorsque tous les Rois de l'Europe conjurée méditaient la perte de la France, Combaz crut devoir faire à l'intérêt de la chose publique, le généreux sacrifice de sa jeunesse, temps précieux que la nature destine à l'instruction et qu'aucun autre instant de la vie ne saurait remplacer. Fils unique, il quitta volontairement la maison de son père, pour s'enroler au mois de juillet 91, dans le 3.e bataillon de Paris, qui fut renforcer le camp de Verbery. Le 6 décembre de la même année, il fut reçu dans l'artillerie, et au mois de mai 92 il était à l'armée du Nord.

En janvier 93, le délabrement de sa santé l'obligea de rentrer dans ses foyers. Dès que ses forces rétablies secondèrent son courage, il reprit son service dans la compagnie des canonniers de la Cité.

Un décret de la Convention nationale ordonna la créa-

A

tion d'une armée révolutionnaire ; les 48 compagnies d'artillerie de la commune de Paris furent attachées au service
de cette armée. Le sort destina celle de Combaz pour
les Côtes de Cherbourg.

Les canonniers de Paris étaient à Avranches, lorsqu'ils
reçurent l'ordre de Jean-Bon-S.t-André de se rendre à
Brest. Combaz, sergent-major, fut dépêché vers le représentant du peuple, pour lui annoncer que les quatre compagnies qu'il avait demandées, étaient en marche. Il
arriva à Brest le 19 nivôse.

Peu après son séjour dans cette commune, le citoyen
Hugues que Combaz n'avait jamais vu ni connu, le fit
mander chez les représentans du peuple Jean-Bon, Laig-
nelot et Tréhouart ; là il lui dit : *je t'ai choisi pour être
juré du tribunal révolutionnaire.* Combaz fit tout pour s'en
défendre ; il allégua sa jeunesse, son inexpérience dans
les affaires, l'incompatibilité de pareilles fonctions avec
l'état qu'il professait depuis 89, tout fut inutile ; les lois
étaient impératives, il fallut obéir et il fut juré malgré
lui.

Vers la fin de messidor les cannoniers reçurent ordre de
partir pour Paris ; Combaz profite de l'occasion pour se
débarasser de l'odieux fardeau qu'on lui avait imposé : il
va trouver le représentant et lui annonce que son intention
est de suivre ses compagnons d'armes. Prieur (de la Marne)
le lui défend verbalement ; Combaz ne paraît pas disposé
à obéir ; le représentant prend un arrêté qui lui ordonne
de rester à son poste, et charge l'Accusateur public du tribunal, de l'exécution de ses ordres : voilà Combaz pour
la seconde fois, forcément lié au tribunal révolutionnaire.
(Voyez N.º 1, *page* 12.)

Après la dissolution du tribunal, Combaz se maria à
Landerneau, et se rendit de suite à Paris avec son épouse.
Les journées des 1, 2 et 4 prarial lui fournirent l'occasion
de signaler son patriotisme et son zèle pour la défense
de la Convention. (Voyez N.º 2, *page* 13.)

Quelques jours après ces journées mémorables, Combaz
fut conduit à la force, en exécution d'une sentence du
tribunal civil de Brest, qui, interprétant mal la loi du
5 ventôse, l'avait condamné à six mois de prison.

Les Comités de la Convention allaient lui rendre la liberté, lorsque le décret du 16 prairial, relatif au tribunal révolutionnaire de Brest, fut rendu. Combaz, se trouvant sur la liste des jurés qui a été insérée dans le décret, fut livré à la Gendarmerie, pour être conduit de brigade en brigade jusqu'au château de Brest.

Ce fut à Laval que son épouse, dont la grossesse touchait presque à son terme, vint, à travers des hordes de brigands qui la pillèrent, rejoindre l'infortuné Combaz.

Les Gendarmes apprécièrent bientôt les vertus civiques et morales de leur prisonnier. Charmés de la bravoure avec laquelle, presque sans armes, il poursuivit avec eux les chouans sur la route de Rennes, ils n'usèrent d'aucune rigueur à son égard; ils ne virent dans ce jeune militaire qu'un citoyen honnête, victime d'injustes préventions : ils finirent enfin par l'abandonner à sa bonne foi pour se rendre seul au château de Brest.

Si Combaz avait eu quelques reproches à se faire, il pouvait se dérober aux poursuites de la justice dans un pays où il n'eût point été sans ressource; mais fort de son innocence, il se fit un devoir sacré de remplir, sans aucun délai, ses engagemens. Arrivé sous les murs de Brest, n'ayant point de passe-port, il fit inviter un Gendarme à le venir trouver; après s'être fait connaître, il le pria de le conduire au château.

C'est là que Combaz, injustement privé de sa liberté, exposé aux inconvéniens d'une instruction criminelle, et à des incertitudes toujours alarmantes même pour la conscience la plus pure, attend, depuis plusieurs mois, qu'on lui fasse enfin la déclaration des motifs qui auraient dû précéder, ou du moins accompagner sa mise en arrestation.

Combaz qui jusqu'à ce jour a su se concilier l'amour et l'estime de tous ceux qui le connaissent, Combaz qui a sacrifié à la défense de la patrie les plus belles années de sa vie, avait droit sans doute d'attendre qu'il en serait mieux récompensé; mais tel est le malheur des momens de révolution que le bien, qui en tout temps est difficile à faire, trouve, dans ces jours de désordres, des obstacles insurmontables. Il échappe à la probité de ceux qui gouvernent, des actes que la justice désavoue, et que le temps seul corrige.

Toutes les petites vexations des hommes en place à l'égard de ceux qui n'en avaient plus ; les exils arbitraires, la longue détention de Combaz et de tant d'autres malheureux, ont tenu, je ne dis pas à l'inertie et à la faiblesse, mais à l'absence totale de tout système de gouvernement intérieur de la République. Il n'y a eu, depuis le 9 thermidor, de suite et d'ensemble que dans nos plans de campagnes et nos négociations diplomatiques.

Robespierre, en mourant, légua à ses collègues son sceptre de fer et un gouvernement révolutionnaire. La Convention repoussa avec horreur ce funeste présent. Elle proclama le règne de la justice, et prit, d'une main tremblante et incertaine, les rênes du gouvernement. On s'apperçut que son attitude n'était ni prononcée ni hardie ; tous les partis songèrent à en tirer avantage.

Bientôt les députés qui avaient été dispersés ou proscrits, se montrèrent au sein de l'Assemblée ; on les vit reparaître avec l'intérêt qu'inspire la vertu, et que commande le malheur. Ils jouirent à leur rentrée d'une grande influence dans le Sénat ; mais il semble qu'ils n'examinèrent point avec assez de soin, si les maux dont on venait sans cesse mettre sous leurs yeux le déchirant tableau, n'étaient pas un effet nécessaire des lois barbares qui pesaient sur la France, plutôt que les fruits de la perversité des fonctionnaires, que l'on taxait de terrorisme et d'immoralité. On serait même tenté de croire que ces députés regardaient alors comme non avenues les lois faites en leur absence. Tous ceux qui vinrent se plaindre furent bien accueillis, et on se plaignit toujours plus des personnes que des choses. Des hommes perfidement adroits transportèrent sur la tête des fonctionnaires publics, l'odieux inséparable des perfides décrets de l'ancien gouvernement.

Dèslors l'assemblée ne fut plus en mesure de maîtriser l'impulsion qu'elle recevait du dehors. Elle avait eu le courage le 9 thermidor d'arracher le glaive des lois des mains de la terreur, bientôt elle n'eut plus la force de le main-

tenir invariablement dans celles de la justice. Chaque
faction voulut le posséder à son tour ; la vengeance s'en
empara malgré ses efforts, et le Midi vit encore couler le
sang des patriotes.

Placé à une autre extrémité de l'Empire, le Finistère
ne dissimulait point son ressentiment. Vingt-six Administrateurs universellement regrétés, avaient été jugés par
un tribunal révolutionnaire suivant toute la rigueur de la
loi du 26 juin 1793 ; l'échafaud fut le théâtre de leur
apothéose.

La commune de Brest demandait un sacrifice expiatoire ;
tous les membres du tribunal révolutionnaire furent dé-
signés pour en être les victimes, et des commissaires furent
chargés d'aller solliciter à Paris un décret d'accusation
contr'eux.

On ne pouvait pas proposer à la Convention de décréter
d'accusation un tribunal, pour avoir jugé conformément
à ses propres décrets ; on dressa un corps de délit pour
être mis sous les yeux des législateurs et de tout le peuple
français.

Une réflexion se présente ici d'elle-même. Si l'écrit
intitulé : *les crimes du tribunal révolutionnaire de Brest*,
est appuié sur des preuves évidentes et certaines, pourquoi, sans consulter la Convention, n'a-t-on pas pour-
suivi devant les tribunaux des hommes infâmes, dont la
condamnation était écrite d'avance dans le code des lois ?
Si, au contraire, cet écrit n'est qu'une diatribe viru-
lente, dictée par l'animosité et la haine, l'appui qu'on
a cherché et qu'on n'a point trouvé dans la Convention, n'annoncerait il pas les plus sinistres intentions ?
Le temps, qui apprend tout et qui dit tout, expliquera
un jour ce mystère.

La Convention renvoya à ses Comités de législation
et de sûreté générale réunis, l'examen des plaintes portées
contre le tribunal révolutionnaire de Brest, pour lui en
faire un rapport. Cette grande mesure apprit à toute la
France que, dans cette étonnante procédure, comme
dans tant d'autres causes célèbres, l'Assemblée se réser-
vait de faire les fonctions de jury d'accusation : c'est
aussi dans cette conviction que les Comités préparèrent

leur rapport. Voici comme ils s'expriment :

« Vos Comités ne se sont point mépris sur le but de
» leur mission ; ils ont vu qu'il n'était pas question de
» juger les prévenus, mais seulement de vérifier si, dans
» les faits qui leur sont imputés, il y a de quoi fonder
» *une accusation légitime contre eux.* C'est sous ce rap-
» port que vos Comités ont envisagé l'affaire ».

Le rapporteur ne laisse rien ignorer à l'Assemblée ; il
l'entretient de la formation du tribunal et de l'esprit
dans lequel il avait été institué ; il le suit dans sa marche, rend compte de ses jugemens, dépeint l'immoralité
révoltante qu'on reproche à quelques juges, puis se ré-
sume ainsi :

« Ces faits ne sont pas restés sans réponse de la part
» des prévenus ; ils ont prétendu qu'ils étaient ou faux,
» ou supposés, ou envenimés par la haine. . . . . Quant
» à nous, il nous a semblé que cette défense ne dé-
» truisait pas les *imputations* qui leur sont faites ; et
» ces *imputations* sont si nombreuses, si graves, si bien
» appuyées, qu'il nous paraît difficile de ne pas y avoir
» égard ».

La raison et la justice demandaient que, suivant les
formes usitées dans nos Assemblées législatives, depuis
la fameuse procédure du Châtelet contre Philippe d'Or-
léans, jusqu'à celle du ci-devant tribunal révolutionnaire
de Brest, la Convention prononçât qu'il y avait ou qu'il
n'y avait pas lieu à accusation. Mais l'horison politique
était encore chargé de nuages ; la justice d'un côté dé-
fendait aux législateurs de condamner, de l'autre *il paraissait difficile de ne pas avoir égard* aux circonstances,
et on n'osait absoudre.

L'Assemblée sentait très-bien qu'un tribunal révolutionnaire, qui avait été forcé d'appliquer des lois inhu-
maines, écrites en caractères de sang sous le règne de
la tyrannie, devait nécessairement être en butte aux ré-
criminations, aux haines et aux malédictions d'un peuple
désespéré. La Convention sortait des journées orageuses
de prairial. Si, à défaut de preuves suffisantes contre le
tribunal, elle avait dit : *il n'y a pas lieu à accusation,*
dans l'instant même on l'eût accusée de protéger *les as-*

sassins, *les terroristes*, *les buveurs desang*, expressions si familières alors, et dont les boutes-feux étaient si prodigues.

La Convention ne pouvait pas non plus dire : *il y a lieu à accusation*, puisque les Comités réunis qui avaient entendu les commissaires de la commune de Brest, qui avaient examiné toutes les plaintes et toutes les pièces qui avaient été produites, après *avoir vérifié si, dans les faits imputés, il y avait de quoi fonder une accusation légitime contre eux*, n'avaient trouvé que des *imputations*. Or des *imputations*, quelque *graves*, quelque *nombreuses* qu'elles soient, ne sont en réalité que des accusations sans preuves. Appuyée sur des bases aussi fragiles, l'Assemblée ne pouvait pas lancer un décret d'accusation : ses Comités ne le lui proposèrent même pas.

Mais, pour tirer l'Assemblée de ce pas glissant, le rapporteur termine par ces mots : « Nous vous propo-
» serons de renvoyer cette affaire par-devant un tribunal,
» pour y être instruite et jugée conformément aux lois ».

Eu égard à l'empire des circonstances, c'était peut-être tout ce que l'Assemblée pouvait faire de plus sage, si elle eût décrété cette proposition dans toute sa simplicité ; si la justice seule, après une instruction préalable, avait été chargée de discerner les innocens d'avec les coupables.

Mais le décret que la Convention a rendu le 16 prai-rial, quoiqu'il ne préjuge rien contre les prévenus, est un monument bizarre de la justice des hommes. L'Assemblée a eu peur de paraître injuste aux yeux du public, et elle n'a pas craint d'être cruelle à l'égard des particuliers. Les Comités n'avaient pas trouvé de quoi fonder *une accusation légitime contre eux*, et cependant la Convention les décrète tous de prise-de-corps ; ils seront ensuite décrétés d'accusation, *s'il y a lieu!*

En vertu de ce décret, des citoyens présumés innocens jusqu'à ce qu'ils soient déclarés coupables, ont été con-duits, comme des criminels, des extrémités de l'Empire jusqu'au château de Brest, où il semble que, depuis plus de cinq mois, on se soit fait un plaisir barbare de les oublier.

Et pourquoi ne dirais-je pas la vérité toute entière?

Les promoteurs et instigateurs secrets de cette effrayante persécution, ne sont étrangers à aucun des systèmes qui avaient pour but d'exterminer les républicains, sous tous les prétextes plausibles qu'on pourrait imaginer. Ils ont voulu punir, par une dure et rigoureuse captivité, même ceux qu'ils savaient que la justice ne pourrait atteindre, et que le glaive des lois se refuserait de frapper.

Telle a été, entr'autres, la conduite de celui qui, faisant enlever des citoyens sans autre forme de procès que sa volonté, insultait à leur malheur par la plus lâche des ironies. « J'espère, écrivait-il aux administrateurs du Finistère, le 2 messidor de l'an 3, « qu'avant peu vous » ferez conduire Girard sous bonne et sûre garde au fort » la Loi *pour y tenir compagnie* à son collègue Raoul, » que j'ai fait arrêter à Pol-Léon et traduire ici ». Voilà un échantillon des sentimens d'humanité et de justice qui animaient un des plus grands coriphées de cette monstrueuse procédure.

J'ai assez bonne opinion d'avance des huit citoyens qui composeront le jury d'accusation à Brest, pour croire que du côté de la probité et de l'honneur, ils ne céderont en rien aux membres des comités de la Convention ; mais que du côté des connaissances, de la pénétration et des lumières, ils n'auront pas la présomption de croire qu'ils en réunissent entr'eux une plus forte masse, que n'en avaient les vingt-quatre législateurs chargés de l'examen de toutes les pièces produites au nom de la commune de Brest avant le 16 prairial. Cela posé, à Brest comme à Paris, on trouvera des imputations nombreuses et graves, mais on ne trouvera pas *de quoi fonder une accusation légitime* ; à moins que la commune de Brest n'ait, postérieurement au décret du 16 prairial, recueilli des faits, je ne dis pas plus graves, mais assez évidemment prouvés, pour rendre les juges du tribunal révolutionnaire criminels aux yeux de la loi.

Les membres du jury qui se sont bornés à remplir purement et simplement auprès du tribunal les fonctions qui dans ce temps-là incombaient aux jurés, *sous les peines portées par la loi*, sont absolument étrangers à toute cette procédure, quoiqu'on ait eu la cruauté de les tenir en détention jusqu'à ce jour. Ces malheureux sont punis sous le règne de la justice , pour avoir été tyrannisés eux-mêmes sous le règne de la terreur.

S'il restait à un homme de bonne foi quelque doute sur la vérité de cette dernière assertion , je ne voudrais pour le convaincre , et le forcer de plaindre et d'absoudre les jurés , que l'inviter à jetter les yeux sur le tableau qu'en a tracé l'autorité la plus grave et la plus imposante , la Commission des onze , page 59 , de son rapport sur la constitution.

« En jettant les yeux sur les crimes de la tyrannie que
» vous avez détruite , nous avons vu vos infâmes oppres-
» seurs ne conserver de l'institution sublime du jury , que
» son nom qu'ils prostituaient , transformer des jurés en
» des commissaires , leur enlever toutes les formes qui ga-
» rantissaient leur indépendance , donner des lois à leur
» conviction , les forcer d'opiner à voix haute , afin de
» les subjuguer par leurs satellites , leur defendre les in-
» terrogatoires qui pouvaient les instruire , ne plus les lais-
» ser les maîtres de prononcer sur l'intention de l'accusé,
» enfin les forcer de déclarer à une certaine époque , que
» celui-ci n'avait plus rien à dire pour sa justification.
» Frappés de la crainte de voir renaître de pareils crimes ,
» nous avons cru devoir vous proposer de garantir cons-
» titutionnellement la rigoureuse observation des formes
» sans lesquelles il n'est plus de jurés ».

L'aveu public et solennel que la Commission des onze fait à la France , à l'Europe , à la postérité , de l'entier anéantissment du jury sous le règne des tyrans , fixera désormais l'opinion de l'homme vertueux qui ne cherche et qui n'aime que le vrai. Ce témoignage irréfragable convaincra d'ignorance ou de mauvaise foi tous ceux qui ont essayé de placer une effrayante responsabilité sur la tête d'un jury qui a été dans l'impuissance absolue de nuire aux prévenus.

Les auteurs du code de la tyrannie étaient trop adroits pour ne pas sentir qu'il fallait , qu'au moins à l'extérieur , les tribunaux révolutionnaires fussent environnés de l'imposant appareil des formes légales.

Le peuple paraissait attaché à l'institution des jurés , on en conserva le nom par égard ; mais le jury ne fut plus que le fantôme de la liberté individuelle.

Les deux premières déclarations du jury ne faisant rien pour la vérité et pour l'application de la loi, on en fit l'unique attribut de ses fonctions : mais comme la troisième déclaration des jurés peut sauver l'honneur et la vie des citoyens, les jurés n'eurent plus la liberté de faire la dernière déclaration d'équité.

Les jurés n'ont donc pas pu *trafiquer de leur opinion*, puisque la loi ne leur permettait même pas de la faire connaître. Ils servaient de cortège aux juges et de décoration au tribunal; bornés au simple rôle de figurans, ils n'avaient aucune part aux scènes sanglantes dont ils étaient les témoins forcés.

L'insulte la plus atroce que les oppresseurs de ma Patrie aient pu faire aux vivans et aux mourans, c'a été d'anéantir la puissance du jury et de forcer ensuite des citoyens à en prendre le titre et à s'asseoir en cette qualité à côté des juges.

Les derniers regards des malheureux que le glaive de la loi menaçait, se tournaient du côté du jury, comme vers le défenseur naturel que l'équité et la justice destinent à venir au secours de l'innocence en péril. Celui-ci glacé par la terreur, comprimé par la loi, frappé de la plus honteuse nullité, ne pouvant arracher à la mort une seule de ses victimes, ne répondait que par le plus froid mais le plus signifiant de tous les discours, l'éloquence du silence.

Le prévenu souvent victime d'une infâme calomnie, voit le bourreau qui déjà s'avance, et il ne trouve pas un seul homme qui ait le courage de le défendre, dans la crainte de partager son sort. Étranger désormais au sein de sa Patrie, seul avec ses vertus, il prend le ciel et la terre à témoin de son innocence, son testament de mort est un appel à la postérité.

La position d'un juré honnête et sensible sur ce théâtre d'horreur, a été, à mon sens, la plus pénible comme la plus accablante des situations. Le cœur déchiré par le désespoir et la honte de paraître partager des crimes qu'il désavoue, mais qu'il ne saurait arrêter, il voudrait pouvoir se dérober aux yeux des condamnés. Son ame en proie à la tristesse, à la pitié, à la douleur, à la crainte même de paraître attendri, laisse bientôt appercevoir par l'altération de ses traits , les grandes passions qui l'agitent.

Que je plains ceux qui dans ces momens de consternation universelle , n'ont voulu voir sur la figure des jurés que les signes de la malveillance ! Malheur à l'homme qui s'éloigne de la nature pour prendre conseil de ses passions.

Je ne releverai point les injures atroces qu'on a publiées contre les membres du jury du tribunal révolutionnaire de Brest : le style polémique blesse l'amour-propre et échauffe les ressentimens ; je voudrais au contraire éteindre toutes les haines et réconcilier tons les partis. Dieu me garde d'envier jamais à personne le funeste talent de faire de l'esprit aux dépens du bon cœur.

Quimper , le 20 Brumaire , quatrième année républicaine.

P. J. LEBRETON, *pour* Combaz , *détenu au château de Brest.*

PIÈCES JUSTIFICATIVES.

N.º 1.

ÉGALITÉ, FRATERNITÉ.

AU NOM DU PEUPLE FRANÇAIS.

Brest, le 29 Messidor, l'an 2.e de la République Française, une et indivisible.

LE Représentant du Peuple dans les Départémens maritimes de la République,

ARRETE que les citoyens *Fourrier*, Lieutenant; *Combaz*, Sergent-major; *Dessirier*, Caporal, dans les Compagnies d'Artillerie de la Section de la Cité, resteront à leur poste de *Jurés* du Tribunal révolutionnaire de cette Commune, jusqu'à ce qu'il en soit autrement ordonné.

Charge l'Accusateur public dudit Tribunal de l'exécution du présent arrêté. *Signé* PRIEUR (de la Marne); et DURAS, *Secrétaire de la Commission.*

Pour copie conforme à l'original resté au Parquet du Tribunal révolutionnaire,

Le Substitut de l'Accusateur public,
Signé G. BONNET.

N.º 2.

ÉGALITÉ, LIBERTÉ.

SECTION DE LA CITÉ.

ASSEMBLÉE GÉNÉRALE.

SÉANCE du Décadi 10 Prairial de l'an 3.e de la République Française, une et indivisible.

Présidence de DEBONNIÈRE.

EXTRAIT du Procès-verbal dudit jour,

UN membre annonce l'arrestation de *Combaz*, canonnier du Bataillon, jeune homme de vingt-trois ans, né sur la Section où il a toujours demeuré. Il est connu, dit-il, sous les rapports les plus avantageux, comme citoyen et comme militaire. Il a été aux Armées avec les canonniers et avec eux à Brest. A peine y est-il arrivé, il est nommé, malgré son extrême jeunesse, *Juré* au Tribunal révolutionnaire. Alors existait l'impossibilité de se soustraire à cette réquisition.

Les principes, les mœurs de *Combaz*, l'estime dont il jouit parmi ses frères d'armes, militent en sa faveur.

Sans rien préjuger de son titre de *Juré* au Tribunal révolutionnaire, je demande que l'Assemblée se prononce sur *Combaz*; et si, comme je le crois, aucune réclamation ne s'élève contre lui, qu'extrait du Procès-verbal lui soit délivré.

Cette proposition est vivement appuyée; plusieurs membres attestent successivement l'opinion donnée de *Combaz*.

Le Commandant du Bataillon affirme que, dans les journées orageuses qui viennent de s'écouler, tous les Officiers des canonniers, et *Combaz* l'un d'eux, se sont conduits en vrais républicains, amis de l'ordre, et prêts à défendre la Convention nationale.

L'Assemblée est extrêmement nombreuse : aucune réclamation ne s'élève.

L'Assemblée, sans rien préjuger sur les faits qui peuvent être imputés audit citoyen *Combaz*, en sa qualité de *Juré* au Tribunal révolutionnaire de Brest, arrête qu'extrait du Procès-verbal lui sera délivré quant aux témoignages rendus par ses concitoyens et ses frères d'armes sur sa conduite militaire. *Signé* DEBONNIÈRE, *président de la Section de la Cité.*

Au dessous est écrit : Pour extrait conforme, *signé* L. F. FAIN, *secrétaire.*

Plus bas est écrit : Enregistré à Paris, le quatre Messidor, an trois, au 13.e Bureau, Section de la Cité, fôl. 38. *Signé* HERBUIOT.

Collationné par les Notaires publics à Paris, soussignés, ce jourd'hui quatre Messidor, l'an trois de la République, une et indivisible, sur l'extrait dudit Procès-verbal représenté et rendu.

Signé DECOZ, DOME.

A QUIMPER, de l'Imprimerie de P. M. BARAZER.

9 782019 995461